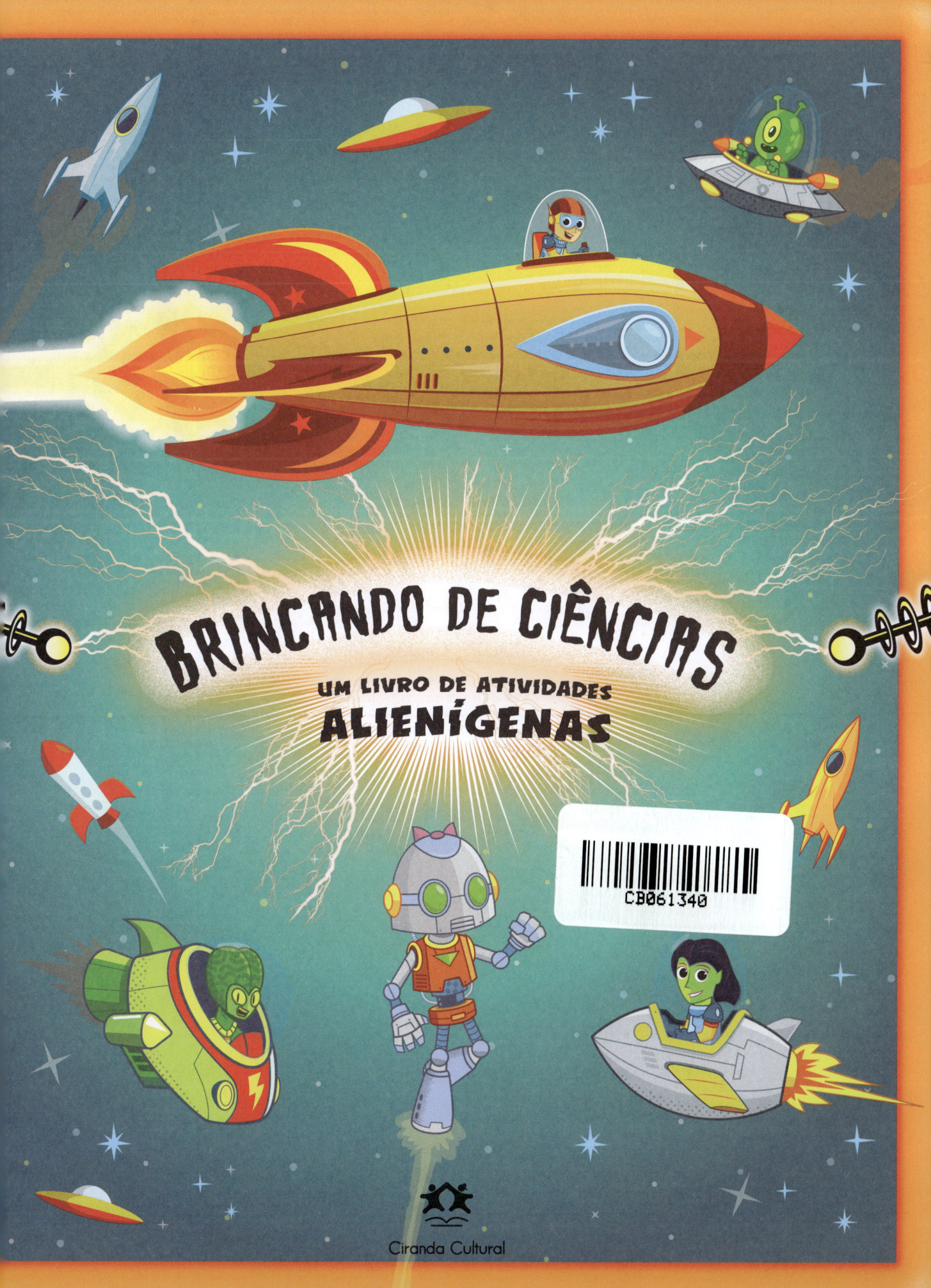

CIÊNCIA DE FOGUETES

A expressão "É ciência de foguetes" é usada em todo o Megamultiverso para dizer que algo é muito fácil. A maioria das espécies aprende a ciência de foguetes em algum momento entre a descoberta do fogo e a invenção do Blorf. É tão absurdamente simples que até um bebê Zylax consegue entender. Humanos, é claro, são a exceção. Eles acham a ciência de foguetes complicada. Humanos bobinhos...

Forças

Chamamos de gravidade a força que atrai as coisas umas para as outras. Coisas mais pesadas exercem uma atração mais forte. Para escapar da gravidade de um planeta enorme, foguetes precisam produzir uma grande quantidade de força. Ligue cada texto à parte do foguete correspondente para mostrar como ele foi projetado para decolar da superfície do planeta.

A Este combustível desenvolvido de uma maneira especial queima a mais de 3000ºC — mais da metade da temperatura da superfície do Sol.

B O motor queima o combustível e lança fumaça de alta pressão e alta temperatura pela extremidade inferior do foguete, gerando impulso para lançar o foguete para cima.

C A ponta do nariz tem um formato aerodinâmico para poder cortar a atmosfera do planeta.

D Os foguetes são fabricados com metais fortes e leves, como titânio e alumínio, para ficarem leves. Assim, o foguete precisa de menos impulso para ser lançado para o alto.

E Injetar oxigênio em alta pressão no motor faz o combustível queimar mais rápido e em temperatura mais alta, gerando assim mais impulso.

F A cápsula é feita do menor tamanho possível e com o menor peso, sem muito espaço para os astronautas se moverem.

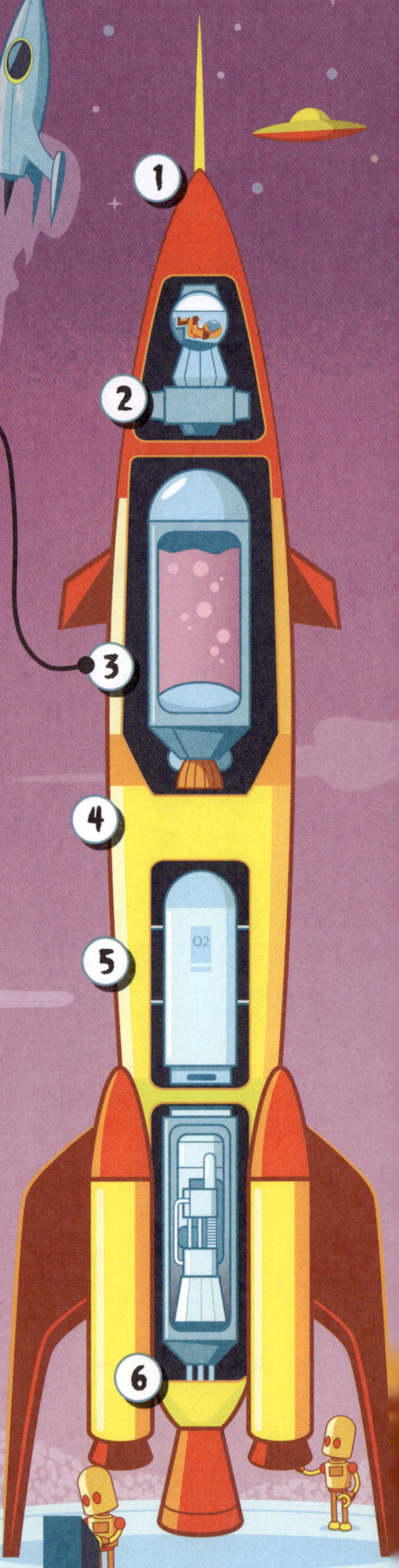

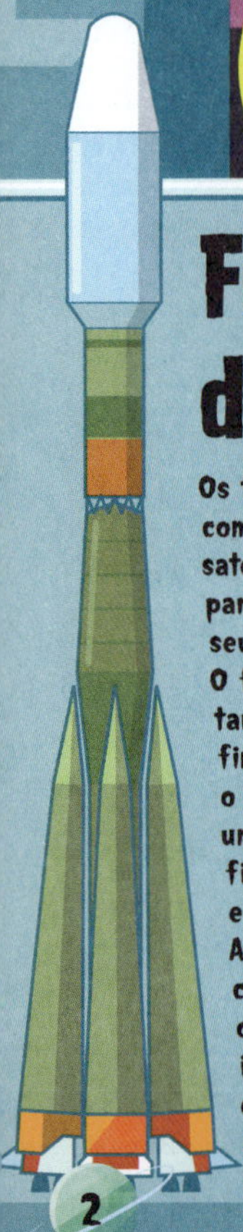

Foguetes da Terra

Os terráqueos usam foguetes como este para lançar satélites, levar astronautas para o espaço e explorar seu cantinho do Universo. O foguete possui muitos tanques de combustível a fim de fornecer energia para o seu lançamento. Assim que um tanque de combustível fica vazio, ele se desprende e cai de volta para a Terra. Assim, o foguete nunca carrega mais peso do que o necessário. É uma ideia inteligente para uma espécie que nem consegue pensar em 47 dimensões básicas.

Viajante do espaço

Use o espaço abaixo para projetar um foguete capaz de viajar pelo Sistema Solar e além. Lembre-se: não há postos de combustível no espaço, então você precisa incluir um tanque de combustível grande o suficiente para a viagem interplanetária ou pensar em outra forma de alimentar sua nave espacial.

Inspiração

Atualmente, todos os foguetes funcionam por meio da queima de combustível, que os impulsiona da superfície da Terra rumo ao espaço. Apesar disso, os cientistas têm várias ideias sobre como podem fornecer energia para foguetes e máquinas espaciais no futuro.

Um veleiro solar é uma grande folha parecida com um espelho. Quando os raios do Sol o atingem, bilhões de fótons (partículas de luz) saltam, empurrando o veleiro da mesma forma como o vento empurra as velas de um barco.

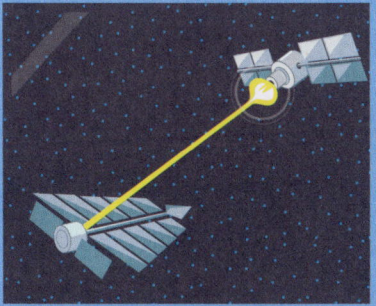

Ao focar grandes quantidades de energia em um feixe estreito, cientistas do futuro podem ser capazes de disparar energia pelo espaço como um raio laser para alimentar espaçonaves distantes.

Quanto mais distante da superfície de um planeta você estiver ao fazer um lançamento, menos impulso é necessário para escapar da gravidade desse planeta. Espaçoportos, conectados à superfície de um planeta por um enorme elevador, poderiam facilitar a decolagem e ser utilizados como postos de combustível interplanetários.

FOGUETE DE GARRAFA

Atenção! Este foguete é lançado de repente e em alta velocidade. Peça ajuda a um adulto para este experimento. Você também precisará de um espaço amplo e aberto para lançar o foguete onde ele não atinja pessoas, animais ou formas de vida alienígenas. Um planeta próximo, árido e rochoso, seria uma boa opção.

Você vai precisar de:
- 2 garrafas de refrigerante de 2 litros
- saco de lixo grande
- linha
- canudo
- bola de tênis
- fita adesiva resistente
- papelão
- tinta
- rolha
- bomba de bicicleta

1
Pegue uma das garrafas de refrigerante. Trace uma linha pela circunferência da garrafa a 15 cm da boca e outra linha a 0,5 cm da boca. Peça ajuda a um adulto para cortar nas linhas usando tesouras afiadas.

2
Pegue o saco plástico de lixo e corte um círculo com 50 cm de diâmetro. Faça oito furos ao redor da borda de plástico e amarre um pedaço de linha de 40 cm em cada furo. Use fita adesiva para reforçar os furos e prender as linhas.

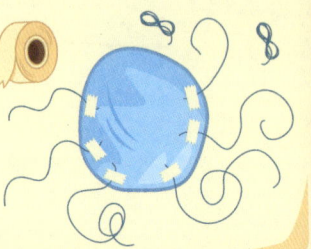

3
Corte o canudo em três partes e passe as linhas através delas. Isso ajuda a evitar que elas se enrosquem. Cole firmemente as extremidades das linhas na bola de tênis.

4
Fixe a bola de tênis dentro da parte superior da garrafa usando cola ou fita adesiva resistente. Em seguida, pinte esta seção para fazer o cone do nariz do foguete.

5
Peça a um adulto para fazer dois furos de cada lado do cone do nariz. Amarre um pedaço de linha de 20 cm através de cada um dos furos. Encaixe o cone na parte inferior da outra garrafa de refrigerante (esta segunda garrafa é o corpo principal do foguete). Use fita adesiva resistente para prender bem a linha ao corpo do foguete, para que o nariz possa ser colocado e retirado do corpo.

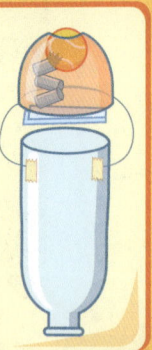

6
Desenhe o formato de uma barbatana em um pedaço de papelão. As barbatanas darão suporte ao seu foguete antes do lançamento. Portanto, certifique-se de que tenham uma forma que permita que o foguete se equilibre facilmente. Recorte a primeira barbatana e use-a como modelo para fazer mais três. Pinte para decorar.

GLUB!

7 Use a fita adesiva para fixar as barbatanas no lugar de modo que o garrafoguete possa ficar em pé com o gargalo da garrafa elevado acima do chão.

8 Peça a um adulto para aparar a rolha, de modo que ela se encaixe bem na abertura da garrafa. Em seguida, peça para o adulto empurrar a agulha da bomba de bicicleta através da rolha. Talvez seja necessário fazer um furo na rolha primeiro.

YIP

9 Encha a garrafa com água até cerca de um terço da capacidade. Não deixe seu adulto útil se afastar muito, pois você vai precisar dele para o lançamento do garrafoguete.

10 Tampe a garrafa com a rolha. Encontre um espaço amplo e aberto para o lançamento do garrafoguete e coloque-o em pé. Fique em um local seguro enquanto o adulto útil bombeia a bomba de bicicleta para lançar o garrafoguete.

VUUUMMM!

WOOO!

PILOTOS ESPACIAIS

Esses pilotos espaciais movidos a balões são perfeitos para correr na pista interplanetária local da sua galáxia. Se você não tiver uma pista assim, qualquer superfície longa, reta e lisa serve.

Construa um piloto

Você vai precisar de (por piloto):

- papelão
- tesoura
- 2 espetos de churrasco
- massa adesiva ou massinha de modelar
- 1 balão
- 3 canudos
- 4 tampas plásticas de garrafa

1 Meça um pedaço de papelão com 2 cm a menos que o comprimento dos espetos. Corte-o para fazer a base da sua nave de corrida.

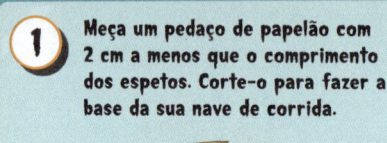

2 Numere ou nomeie seus pilotos e faça cada um diferente do outro. Coloque os espetos dentro dos canudos e uma tampa de garrafa em cada ponta do espeto, prendendo-a no lugar com uma bolinha de massa adesiva ou massinha de modelar.

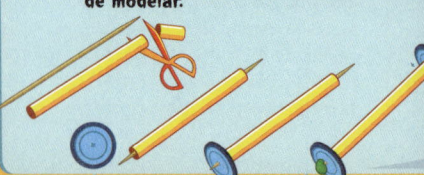

3 Cole os canudos na base do seu piloto espacial, mas de modo que os espetos ainda consigam girar dentro dos canudos.

4 Pegue o último canudo e prenda o balão nele, fazendo uma vedação hermética entre o canudo e a ponta do balão com fita adesiva. Para lançar seu piloto, encha o balão pelo canudo. Aperte a ponta do canudo para que o ar não escape. Coloque o piloto na linha de largada da pista e solte.

Variáveis

Uma variável é algo que você pode mudar em um experimento. Faça mais dois pilotos, mudando apenas uma coisa. Assim, se um piloto for mais rápido, você vai saber por quê. Você poderia mudar:
- o tamanho das rodas;
- o número de balões;
- o formato do corpo do piloto.

Faça um teste

Dê nomes ou números aos seus pilotos para que você possa saber qual é qual. Prepare uma pista longa e reta para seus pilotos. No espaço abaixo, escreva qual carro você acha que será o mais rápido. Isso é o que chamamos de fazer uma previsão. Em seguida, use um cronômetro para marcar o tempo de cada corredor três vezes, anotando seus resultados na tabela. Calcule o tempo médio somando todos os três tempos e dividindo por três (você pode usar uma calculadora, um adulto ou um robô amigo para ajudar).

PLACAR

PREVEJO QUE O CARRO MAIS RÁPIDO SERÁ: ....

PILOTO	CORRIDA 1	CORRIDA 2	CORRIDA 3	MÉDIA
EXEMPLO	30 SEGUNDOS	25 SEGUNDOS	35 SEGUNDOS	30 SEGUNDOS

O VENCEDOR É: ....

Construa melhor

Se você quiser, pode realizar este experimento algumas vezes, testando diferentes variáveis. Depois, use o espaço abaixo para projetar o piloto espacial mais rápido que a pista interplanetária galáctica já viu.

SLIME E GLITTER

O universo está repleto de materiais com propriedades diferentes. Uma propriedade é qualquer característica de um material que pode ser vista, medida ou sentida. Faça esses dois materiais muito diferentes para investigar suas propriedades.

Slime alienígena

O slime é uma coisa esquisita. Suas propriedades mudam dependendo da quantidade de força que você usa para manipulá-lo. Se for suave, ele escorre e flui como um líquido. Se você o aperta, o joga e o rasga, ele se comporta como um sólido. Na verdade, é um sólido não newtoniano, que é a forma científica de dizer "bola de geleca pegajosa".

Você vai precisar de:

- 100 g de cola PVA transparente
- 50 mL de água
- 1 colher (de chá) de bicarbonato de sódio
- glicerina
- tinta para papel que brilha no escuro
- solução para lentes de contato

1 Em uma tigela grande, misture bem a cola PVA e a água.

2 Adicione o bicarbonato de sódio, um pequeno jato de tinta e algumas gotas de glicerina.

3 Adicione cuidadosamente a solução para lente de contato, uma colher (de chá) de cada vez. Misture quaisquer pedaços duros no slime antes de adicionar a próxima colher de chá de solução para lente de contato. Continue até obter a textura pegajosa perfeita.

Geodos de cristal

Os cristais em formato de geodos levam milhões de anos para se formar. A água capta minerais enquanto se infiltra nas rochas. Quando a água se empoça em cavidades, ela vai depositando seus minerais, pouco a pouco. Ao longo de milênios, os depósitos se acumulam e formam cristais. Se você não tiver milhões de anos e uma caverna sobrando para cultivar cristais, você pode usar este método mais rápido.

Você vai precisar de:

- ovos
- potes que suportam calor
- corante alimentício
- solutos: sal marinho, cremor de tártaro, sais de epsom, alúmen e bicarbonato de sódio produzem cristais de formatos diferentes

1 Quebre os ovos ao meio e descarte (ou cozinhe) a gema e a clara. Lave as cascas com cuidado para não as quebrar. Esfregue delicadamente o interior da casca do ovo para remover toda a membrana fina.

2 Preencha os potes com água quente (peça ajuda a um adulto). Adicione corante alimentício à água, usando uma cor diferente para cada pote. Em cada pote, adicione um soluto diferente. Misture bem, acrescentando tanto soluto na água quanto você conseguir dissolver.

3 Enquanto o líquido ainda estiver quente, coloque metade de uma casca de ovo em cada pote. Deixe os potes sem mexer, verificando-os uma vez por dia. Alguns tipos de cristais crescerão mais rápido do que outros.

4 Quando seu geodo de ovo tiver ganhado cristais, remova-o cuidadosamente da água e coloque-o para secar. Tente não tocar nos cristais até que estejam totalmente secos.

Resultados

Circule com caneta verde as propriedades que correspondem ao slime. Circule com caneta laranja as propriedades que correspondem aos cristais. Existem propriedades que correspondem tanto ao slime quanto aos cristais?

macio   duro   suave   construído
elástico   liso   flexível
natural
quebradiço   áspero   brilhante

Energia

Uma colônia espacial precisará de um sistema de energia que mantenha seu planeta limpo e que não exija entregas frequentes de combustível da Terra. Você pode querer adicionar alguns desses geradores de energia à sua colônia.

Turbinas eólicas usam o vento para gerar eletricidade. O vento faz girar as pás, que são conectadas a um gerador. Conforme o gerador gira, produz uma corrente elétrica que pode ser usada para abastecer a colônia.

Usinas hidrelétricas usam o movimento da água para girar uma roda d'água. Isso faz girar o gerador, que produz eletricidade.

Painéis solares usam a radiação do sol para gerar eletricidade. São mais eficazes em lugares ensolarados.

Planetas rochosos, muitas vezes, têm um núcleo de rocha quente e derretida. A água bombeada profundamente no subsolo é fervida pelo calor do núcleo e se torna vapor. O vapor ascendente pode então ser usado para movimentar um gerador de turbina.

A VIDA EM MARTE

Um grande passo para qualquer espécie em crescimento é construir sua primeira colônia espacial. Ela serve não apenas como lar para intrépidos pioneiros espaciais como também pode ser usada como base para explorações adicionais pela galáxia. Estamos todos muito empolgados para que os humanos minúsculos construam uma colônia em Marte, o planeta rochoso vizinho da Terra. Parece que foi ontem que eles eram peixes escamosos rastejando de águas de pântanos fedorentos e agora estão todos crescidos e planejando uma colônia espacial para os próximos cem anos, mais ou menos. Eles crescem tão rápido!

Criação de colônia

Diferentemente de Marte, este planeta distante tem água corrente. Use adesivos para ajudar a projetar uma colônia onde os pioneiros verdes possam viver.

A vida no espaço

Além da energia, uma colônia no espaço precisaria de certos elementos para garantir que qualquer coisa viva não morra de fome ou seja atingida por raios espaciais.

A Terra é incomum por ter ar limpo para respirar e uma atmosfera que bloqueia os raios mais fortes da radiação solar. Colônias em outros planetas podem precisar ter todos os seus espaços habitáveis isolados da atmosfera externa, com sistemas de purificação de ar para substituir o ar respirado pelos pioneiros espaciais.

Os pioneiros espaciais precisariam de algum tipo de alimento. Se a atmosfera for muito tóxica para fazendas ao ar livre, laboratórios hidropônicos podem ser uma maneira útil de cultivar muitos alimentos em um espaço pequeno. Você pode construir seu próprio minilaboratório na próxima página.

Se o planeta tem água, então essa água simplesmente precisará ser limpa. Caso contrário, será necessário um sistema fechado, no qual toda a água seja reciclada e limpa sem nenhum resíduo ou vazamento.

PLANTAS NO ESPAÇO

Quando os humanos finalmente se libertarem de seu pequeno planeta e se estabelecerem em outros como Marte, provavelmente precisarão cultivar toda a sua comida em enormes estufas. Pode ser uma boa ideia fazer isso usando um sistema hidropônico — uma forma de cultivar plantas em espaços pequenos. Como ser humano, você pode desejar testar esse sistema hidropônico como preparação para a exploração que sua espécie fará.

Você vai precisar de:

- garrafa de refrigerante de 2 litros
- martelo e prego
- faca afiada
- corda de algodão
- fibra de coco ou musgo esfagno*
- perlita* (opcional)
- adubo líquido para plantas
- sementes de alface

*Fibra de coco, musgo esfagno e perlita podem ser encontrados em lojas de jardinagem.

1 Use uma régua para medir 25 cm a partir da base da garrafa de refrigerante. Desenhe uma linha ao redor da garrafa. Peça a um adulto para usar uma faca afiada para cortar a garrafa ao longo dessa linha.

2 Mantenha o adulto do passo 1 por perto e peça a ele para usar o martelo e o prego para fazer um furo na tampa da garrafa. Peça ao adulto para usar uma tesoura e cortar ao redor do furo, até que fique largo o suficiente para encaixar um lápis.

3 Meça 30 cm na sua corda, mas não corte. Em vez disso, faça um laço para que você tenha vários comprimentos de 30 cm. Continue fazendo laços até que seu feixe seja ligeiramente menor que a largura de um lápis e, em seguida, corte a corda. Passe o feixe de corda pelo furo na tampa da garrafa e puxe-o para que fique metade para dentro e metade para fora.

4 Misture a fibra de coco ou o musgo esfagno com a perlita, se estiver usando (a perlita ajuda a melhorar a drenagem). Adicione a mistura ao topo da garrafa, arranjando os laços de corda para que estejam distribuídos uniformemente pela mistura.

5 Adicione cerca de 1 colher (de chá) de adubo líquido para plantas a 250 mL de água (água da chuva é melhor). Misture bem e despeje a solução na parte inferior da garrafa. Verifique se o nível da água está alto o suficiente para que a corda de algodão fique submersa, mas não tão alto que ultrapasse o nível da tampa quando a parte superior da garrafa estiver dentro dela.

6 Coloque cuidadosamente a parte superior da garrafa dentro da parte inferior, com a corda de algodão pendurada na água. Plante três sementes de alface na profundidade especificada no verso do pacotinho. Em seguida, coloque o sistema em um local claro e ensolarado, como uma janela onde bate Sol. Substitua a mistura de água toda semana ou se parecer que o nível está baixando.

Resultados

Sementes plantadas em: ___/___/_____

Uma vez por semana, verifique sua alface e desenhe o que vê. Quantos dias são necessários antes que você possa começar a colher e comer sua alface?

Data: ___/___/_____

Notas e observações:
....
....
....

Data: ___/___/_____

Notas e observações:
....
....
....

Data: ___/___/_____

Notas e observações:
....
....
....

Data: ___/___/_____

Notas e observações:
....
....
....

Alface pronta para colheita em: ___/___/_____

MOINHO DE VENTO DESTACÁVEL

Comece sua própria colônia marciana construindo este moinho de vento, perfeito para alimentar seus sistemas de mensagens intergalácticas. Este moinho utiliza o vento para girar um eixo com uma engrenagem pinhão (a engrenagem menor), que por sua vez faz girar uma engrenagem que movimenta o prato do telescópio.

Você vai precisar de:
- suas folhas destacáveis
- palitos de dente
- cola

1 Destaque cada uma das oito pás do moinho de vento. Cole cada uma a um palito de dente, dobrando as pás conforme a imagem.

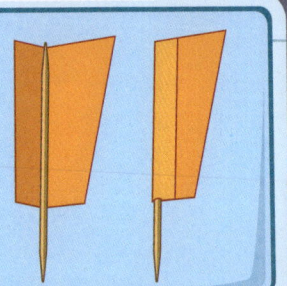

2 Coloque as pás na peça central, de modo que os palitos fiquem alinhados com os cantos do octógono. Cole-os no lugar.

3 Dobre o tubo central e encaixe as abas na parte superior através da abertura quadrada na segunda peça central em forma de octógono. Cole as abas. Em seguida, cole o segundo octógono central sobre os palitos de dente no primeiro octógono central.

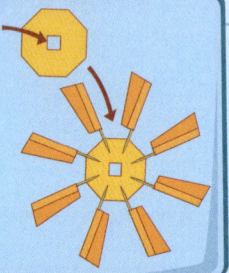

4 Dobre e cole as laterais da caixa para formar tubos triangulares como na imagem.

5 Destaque o topo e a base da caixa. Dobre e cole os lados para formar tubos em forma de triângulo. Desta vez, dobre e insira a aba por baixo de si mesma, para que fique parecido com a imagem.

6 Dobre e cole o eixo do pinhão para criar um tubo em forma de prisma. Enrole e cole duas extremidades do eixo para que fiquem do tamanho suficiente para se encaixar no eixo em si. Repita esse passo com o eixo da engrenagem.

 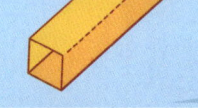

7 Dobre e cole o tubo da engrenagem. Encaixe-o no furo quadrado da engrenagem. Cole as abas para fixá-lo. Deslize uma das extremidades do eixo na peça central e cole no lugar. Cole a outra extremidade do eixo na engrenagem.

8 Encaixe a engrenagem em seu eixo. Cole duas extremidades do eixo no eixo da engrenagem. Em seguida, encaixe as extremidades do eixo nos buracos nas laterais da caixa.

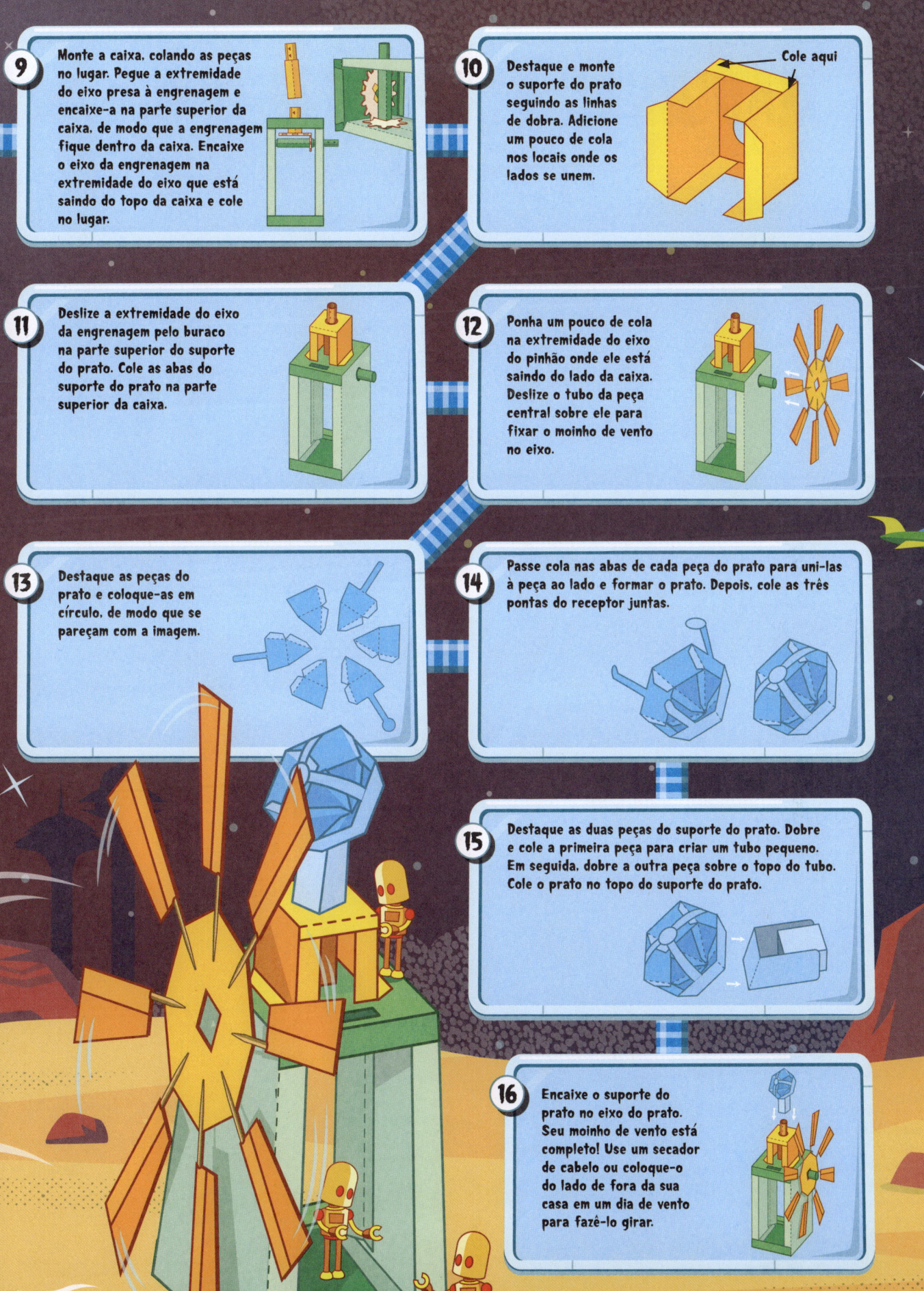

MÁQUINAS SIMPLES

O mundo está repleto de máquinas. Algumas, como robôs inteligentes totalmente automatizados, são bastante complexas. Outras são muito simples. Todas essas máquinas simples mudam a quantidade ou direção da força (empurrar ou puxar) necessária para mover um objeto. Cole adesivos da máquina simples correspondentes aos exemplos do mundo real.

Máquinas

Alavanca

As alavancas funcionam aplicando força ao lado de um ponto de apoio para levantar algo do outro lado desse ponto de apoio.

Parafuso

É um dispositivo que pode ser usado para prender coisas. A única maneira de removê-lo é desenroscando. Também pode ser usado para levantar coisas (como no caso de um macaco hidráulico para carros).

Máquinas

Roda e eixo

As rodas reduzem a quantidade de atrito (a força de "aderência" que diminui a velocidade das coisas) que um objeto experimenta quando se move. Como em uma roda há menos atrito para superar, é necessário menos força para mover o objeto.

Polia

Polias mudam a direção de uma força. Ao puxar uma corda para baixo, você pode levantar um peso para cima.

Plano inclinado

Possivelmente a mais simples das máquinas simples, um plano inclinado (ou rampa) facilita o levantamento de objetos.

GUINDASTE DESTACÁVEL

Quando você combina duas ou mais máquinas simples, você cria uma máquina complexa. Este guindaste usa uma polia e uma alavanca para levantar coisas. Também possui catracas — um tipo de engrenagem que pode ser girada em apenas uma direção e travada no lugar por uma alavanca chamada de trava.

Você vai precisar de:
- suas folhas destacáveis
- 12 palitos de picolé
- prendedores de roupa (opcional)
- barbante
- clipes de papel
- espetos de madeira
- papelão ondulado

1 Coloque dois palitos de picolé lado a lado, encostando a ponta de um na ponta do outro. Cole um terceiro palito de picolé em cima, sobrepondo ambos os palitos. Use prendedores de roupa como grampos para segurar os palitos no lugar enquanto a cola seca. Repita com mais três palitos para formar a segunda parte do que será uma lança de guindaste.

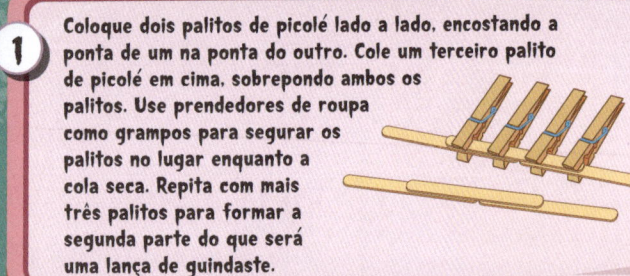

2 Destaque as oito peças para a lança do guindaste. Dobre cada uma ao meio e cole para deixar cada uma com o dobro de espessura.

3 Faça a polia cortando dois círculos com 3 cm de diâmetro e três círculos com 2 cm de diâmetro. Faça um furo no centro de cada círculo com um espeto de madeira. Passe o espeto pelos círculos de papelão para que os círculos maiores envolvam os menores e peça a um adulto para cortar.

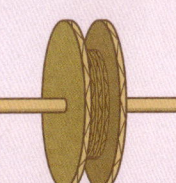

4 Cole seis das partes de papelão para a lança do guindaste em pares opostos um ao outro, como mostrado na imagem abaixo. Encaixe a polia de papelão no lugar. Deixe de lado os dois suportes da lança para mais tarde.

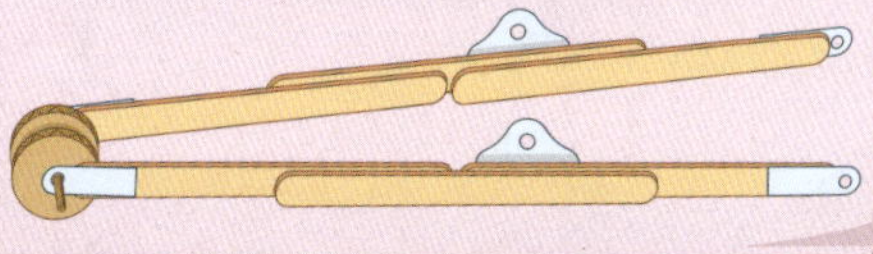

5 Destaque dois discos de catraca e junte-os para fazer uma catraca com dupla espessura. Não fixe as abas. Dobre e cole o eixo em um tubo cúbico. Enrole os dois extremos do eixo e cole suas extremidades para fazer dois pequenos tubos, apenas o suficiente para caber dentro do eixo.

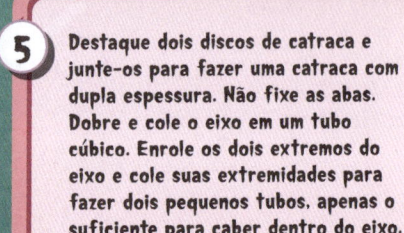

6 Deslize os tubos das extremidades do eixo em ambas as extremidades do eixo e cole-os no lugar. Em seguida, deslize a catraca sobre o eixo, dobrando as abas dos lados da roda. Não cole no lugar ainda. Repita as etapas 4 e 5 com o segundo disco de catraca e eixo.

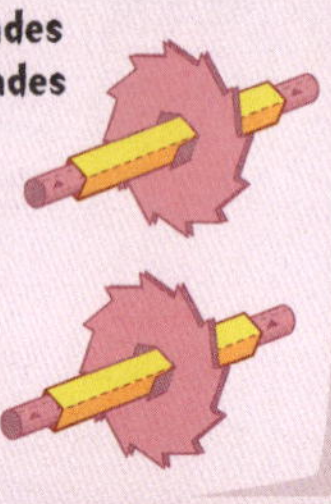

7 Dobre e cole os lados das seções azul-escuras para fazer quatro tubos triangulares longos. Nas seções azul-claras, dobre as abas por baixo delas mesmas para fazer os tubos triangulares (para que as extremidades desses tubos sejam em forma de triângulos equiláteros).

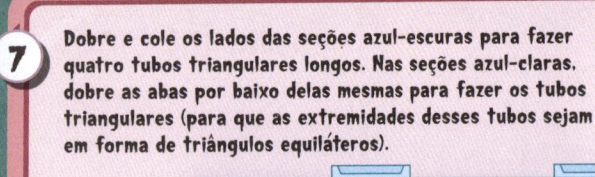
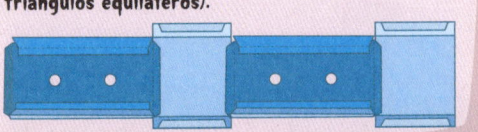

8 Dobre as peças da caixa para formar o corpo do guindaste. Deslize as extremidades do eixo nas posições através dos buracos nas laterais da caixa. Verifique se as catracas estão do lado certo, conforme mostrado na imagem. Cole a parte superior da caixa.

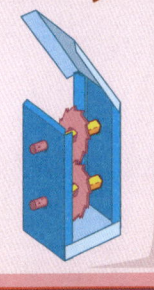

CÉU NOTURNO

Antes de os humanos descobrirem tecnologias básicas de navegação, eles usavam estrelas no céu noturno para se orientarem em desertos e oceanos. Eles desenhavam imagens de criaturas míticas e heróis para ajudá-los a se lembrar de quais estrelas eram quais (porque, por alguma razão, seus pequenos cérebros acham "Órion, o caçador" muito mais fácil de lembrar do que RX J0529.4+0041).

Estrelas adesivas

Use os adesivos na folha de adesivos para associar as imagens das constelações aos formatos que as estrelas fazem no céu. Já fizemos uma para você.

URSA MAIOR

CÂNCER, o caranguejo

LEÃO, o felino

HIDRA, a serpente

CÃO MAIOR, o grande canino

O QUE A ESTRELA GANHOU QUANDO PERDEU A CORRIDA?

UM PRÊMIO DE CONSTELAÇÃO!

PERSEU,
o herói

GÊMEOS,
os irmãos

ÓRION,
o caçador

LEBRE,
a saltitante

COMO VOCÊ CHAMA UM
ALIEN DE TRÊS OLHOS?

UM ALIEN!

Lanterna telescópica

Se não for de noite, ou se for difícil ver as estrelas onde você mora, mesmo assim você poderá observar estrelas com esta lanterna que projeta constelações em qualquer superfície plana.

1 Pegue a peça do telescópio de sua folha destacável e enrole-a em forma de tubo, deslizando as abas nos seus respectivos encaixes para fixá-las.
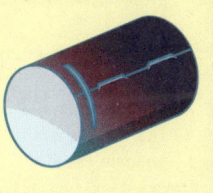

2 Destaque a aba da constelação que você deseja ver. Coloque-a sobre uma esponja plana ou um pedaço de massa de modelar. Use um lápis afiado para fazer furos em cada uma das estrelas.

3 Deslize a aba da constelação na fenda longa na extremidade do telescópio, de modo que o nome esteja virado para essa extremidade.

4 Coloque uma lanterna na outra extremidade do telescópio (a lanterna do celular é a melhor opção para isso). Encontre uma superfície plana em um ambiente escuro e projete a luz da lanterna através do telescópio para ver as estrelas.
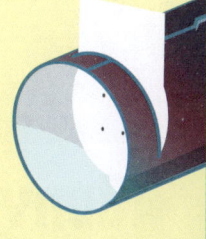

PROBLEMAS PLANETÁRIOS

O planeta que os humanos chamam de lar é apenas um dos oito que orbitam o Sol. Use os adesivos para completar os planetas que estão faltando e, em seguida, responda às perguntas do quiz.

1 VERDADEIRO OU FALSO: A superfície do Sol é tão quente que poderia fazer diamantes ferverem.

2 Quantas Terras caberiam dentro do Sol?
A) 100
B) 10.000
C) 1.000.000

3 VERDADEIRO OU FALSO: Mercúrio é o planeta mais quente do Sistema Solar.

4 Que cheiro têm as nuvens de Vênus?
A) Ovos podres
B) Algodão-doce
C) Gasolina

5 Quanto tempo leva para a Terra viajar ao redor do Sol?
A) 24 horas
B) 28 dias
C) 365.25 dias

6 VERDADEIRO OU FALSO: Não há água em Marte.

Conversando com aliens

Os humanos são vizinhos barulhentos, determinados a encontrar alienígenas e fazer contato com eles ou com formas de vida extraterrestres. Leia as descrições abaixo e adicione os adesivos que estão faltando na figura.

A Antenas gigantes em forma de prato, algumas dez vezes maiores que um campo de futebol, podem ser usadas para ouvir ondas de rádio de todo o universo. Essas ondas podem ser enviadas sem querer para o espaço (como os programas de rádio transmitidos da Terra que podem ser ouvidos do espaço) ou podem ser mensagens enviadas de propósito para se comunicar.

B Telescópios poderosos, como o Hubble, que orbita a Terra, podem captar raios de luz de bilhões de anos-luz de distância. Se uma civilização alienígena distante optasse por enviar uma mensagem usando uma luz muito brilhante ou um laser, um telescópio poderoso seria capaz de captá-la se estivesse virado na direção certa.

C Os cientistas também enviaram mensagens como a mensagem Arecibo, uma transmissão de rádio enviada da Terra, projetada para ser fácil decodificação pelos alienígenas. E contém os números de 1 a 10, além de imagens simples de um humano e do Sistema Solar.

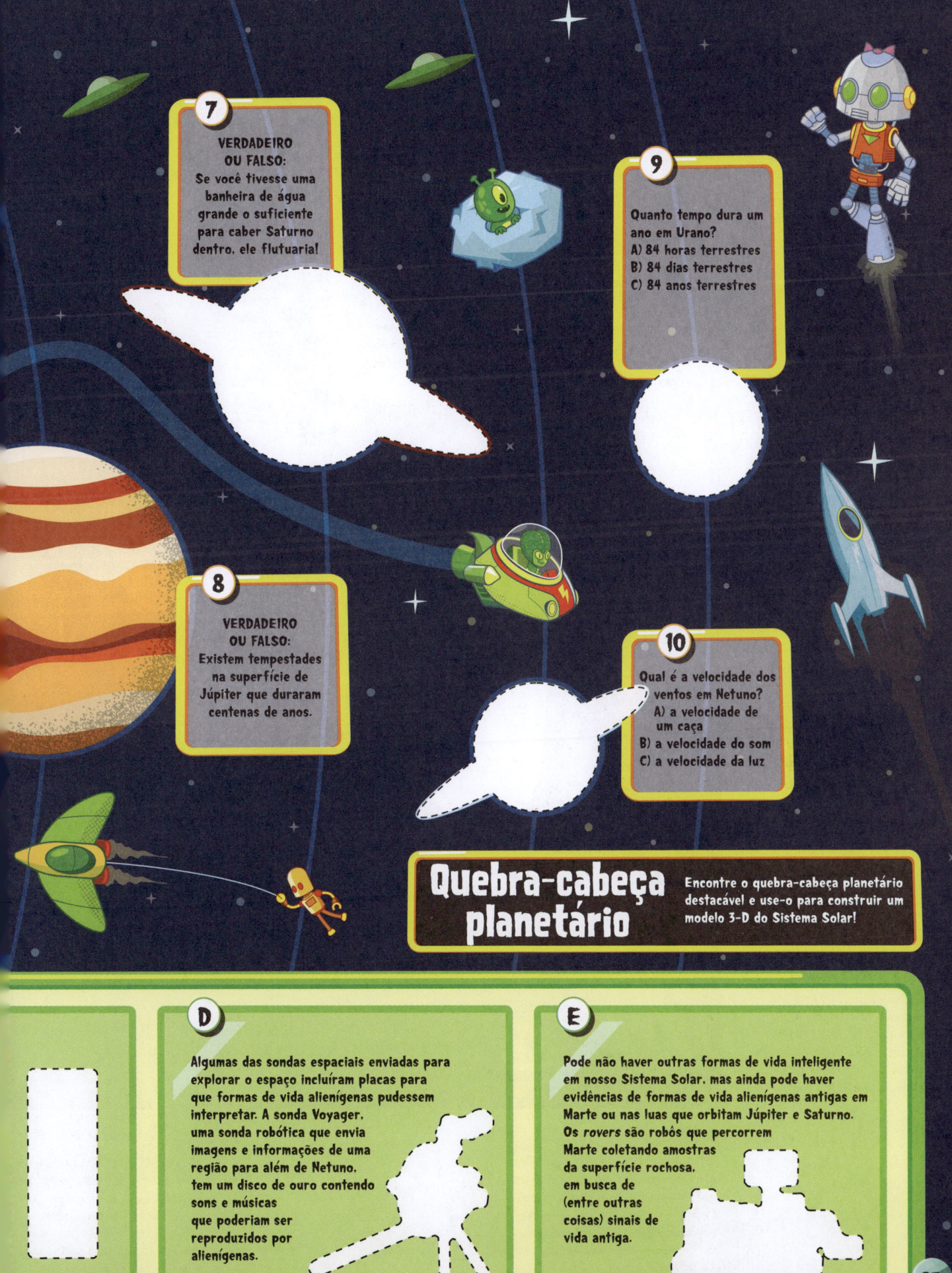

ADAPTAÇÕES ALIENÍGENAS

Animais de toda a Terra contam com adaptações para ajudá-los a sobreviver e prosperar em seus ambientes específicos. Alienígenas também teriam que estar adaptados aos seus ambientes, seja em um deserto quente e seco ou em uma floresta tropical úmida cheia de predadores famintos.

TIGRE
Este grande felino habitante das selvas tem uma cauda longa que o ajuda a manter o equilíbrio enquanto se move sobre os galhos ao caçar. Seus olhos perspicazes detectam animais dos quais pode se alimentar. Em seguida, o tigre utiliza suas poderosas patas traseiras para dar o bote, e seus dentes pontiagudos para perfurar peles grossas.

Alienígena da selva
Use adesivos para dar a esses alienígenas adaptações que os ajudem a sobreviver a uma vida no emaranhado de galhos desse planeta quente e úmido, onde predadores alienígenas ferozes espreitam sob as moitas.

MORCEGO
As orelhas grandes ajudam este animal a caçar. Ele emite um guincho de alta frequência e usa o som dos ecos para rastrear os movimentos de pequenas criaturas. As asas amplas de couro ajudam o morcego a mergulhar e capturar essas criaturas para se alimentar.

ARARA
As penas coloridas desta ave a ajudam a se destacar entre outras araras. Ela tem um bico superforte e um osso na língua que a ajuda a quebrar nozes para se alimentar.

PELICANO
Esta ave aquática possui uma bolsa gigante e elástica em seu bico para captar água. Então o pelicano joga a água para fora da boca e engole qualquer peixe que tenha sobrado. Ele também tem pernas fortes com pés palmados que o ajudam a nadar.

RÃ-ARBORÍCOLA
Estes anfíbios da selva têm almofadas adesivas nos dedos das mãos e dos pés que o ajudam a escalar os galhos. Seus olhos vermelhos brilhantes ajudam a assustar predadores famintos, o que dá a estas rãs tempo para saltar para longe, e podem ajudá-las a enxergar no escuro.

ESCORPIÃO
Este artrópode tem fortes pinças que podem agarrar insetos e pequenas criaturas. Em seguida, o escorpião usa seu ferrão para injetar veneno letal na presa.

CANGURU
Estes animais têm músculos enormes nas patas traseiras, que os ajudam a saltar pelo vasto e seco deserto australiano. Saltar os ajuda a tocar o mínimo possível nas areias escaldantes.

Alienígena do deserto

Nesse planeta desértico árido, esses alienígenas têm que lidar com o clima seco e predadores famintos que espreitam sob a areia. Use seus adesivos para ajudá-los a sobreviver.

DROMEDÁRIO
Além da corcova que armazena gordura, as adaptações deste animal incluem cílios longos para evitar a entrada de areia nos olhos, narinas que podem se fechar firmemente para não respirar areia e cascos largos e amplos para evitar afundar na areia.

ELEFANTE
Elefantes têm orelhas gigantes que funcionam como radiadores para dissipar o calor do corpo para o ar. Quando estão perto da água ou da lama, eles a espirram em si mesmos com a tromba para se refrescar. Porém, no deserto, eles usam as presas para cavar areia mais fresca sob a superfície e se refrescam com ela.

VÍBORA-DE-CHIFRES
Os chifres na cabeça desta serpente ajudam a manter a areia do deserto longe de seus olhos. Ela enterra o corpo comprido debaixo da areia, observando as criaturas se aproximarem, e então ataca com seus dentes afiados, que injetam veneno em sua presa.

ARANHA
Este pequeno monstro de muitos olhos usa seus olhos extras para detectar até os menores movimentos enquanto caça. Presas pontiagudas ajudam a pegar insetos, enquanto suas oito patas podem lutar contra ratos, pássaros e até escorpiões.

ONDAS SONORAS

Os sons são vibrações (ou oscilações) no ar. Quanto mais alto o ruído, maior a oscilação. A palavra científica humana para isso é "amplitude". Quanto mais alto for o ruído, mais rápida a oscilação. A palavra científica humana para isso é "frequência". Em Gloxxoniano, as palavras são "shlazxxiallxkz" e "quarszzal", mas você não precisa se preocupar com isso.

Exemplos

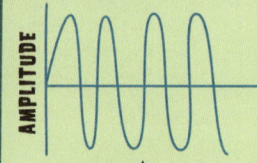

Ruídos de alta frequência geram oscilações mais próximas. Este tem uma grande amplitude, então é muito intenso!

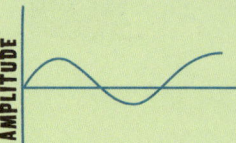

Ruídos de baixa frequência geram oscilações mais espaçadas. O som é fraco, então suas oscilações não são muito alongadas na vertical.

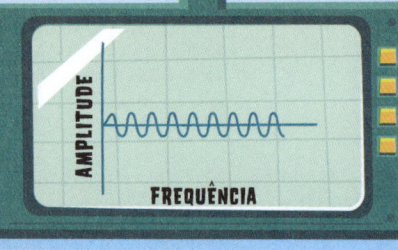

1 Ondas pequenas e bem juntas mostram um som que é suave e agudo.

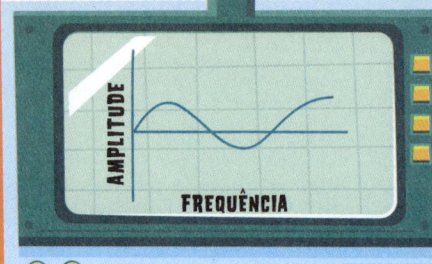

2 Ondas pequenas e bem espaçadas demonstram que este ruído é grave e suave.

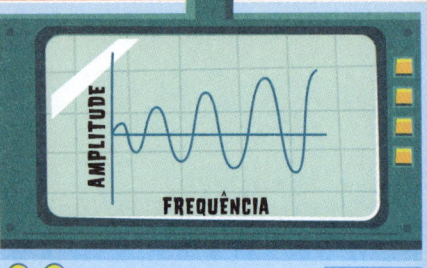

3 Estas ondas têm todas a mesma largura por isso mantêm a mesma frequência, mas estão ficando mais alongadas na vertical, então sua amplitude está aumentando, tornando o ruído mais intenso.

Ondas oscilantes

Essas máquinas mostram as ondas sonoras de cada um dos instrumentos na sensação do rock'n'roll pangaláctico, Monarcas da Era Espacial. Desenhe linhas para associar os microfones às máquinas.

QUE CANTORES OS PLANETAS MAIS GOSTAM DE OUVIR? OS *POP STARS*!

SCREEEEEE!

TADAA TADAA TADAA

BOM BLÉM DOM BLÉM

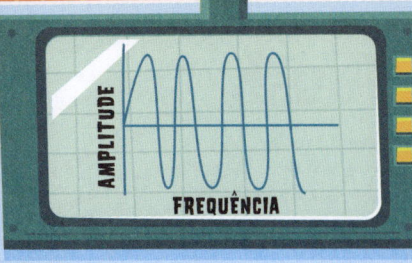

4 Ondas alongadas na vertical e bem juntas demonstram um ruído intenso e agudo.

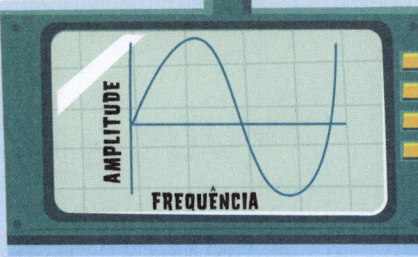

5 Ondas alongadas na vertical e espaçadas indicam que o ruído é intenso e grave.

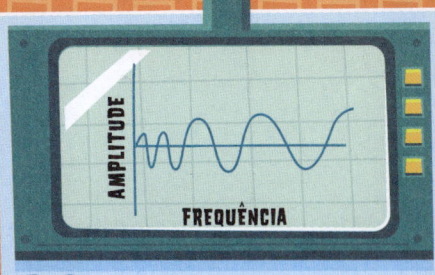

6 Este ruído está ficando mais grave, indicado pelo comprimento crescente das ondas, e mais intenso, indicado pelo aumento delas na vertical.

SONS TERRÍVEIS NAS TELAS

Os filmes da Terra são famosos em toda a galáxia. Como os humanos não têm tentáculos convenientes para esmagar ou braços e pernas metálicos para balançar, eles usam todo tipo de coisas diferentes para criar efeitos sonoros para seus filmes. Chamam esses sons de sonoplastia. Tente gravar alguns desses sons para fazer um filme para toda a galáxia apreciar.

Slurp

Espaguete ou macarrão cozido frio pode ser usado para fazer todo tipo de ruídos de tentáculos úmidos. Bata os fios de macarrão contra uma superfície, aperte-os, solte um punhado deles aos poucos de uma certa altura e experimente com os diferentes sons que pode fazer.

Crack!

Esfarele uma casquinha de sorvete vazia para fazer o som de ovos alienígenas rachando e chocando.

Vuush

Grave o som de uma corda de pular zunindo pelo ar para reproduzir o barulho de tentáculos se agitando.

LUZES, CÂMERA, AÇÃO!

Em um lugar distante, no planeta Hollywood, há filmes a serem feitos. Você não achou que a Terra era o único lugar com uma Hollywood, achou? Por que você acha que os atores são chamados de estrelas? Enfim, anime seu dia com estes experimentos malucos com luzes em um set de filmagem.

Arco-íris

O que é um filme sem um pouco do brilho de um arco-íris? Faça um arco-íris rápido e fácil em ambientes fechados seguindo estes passos simples:

1. Coloque um espelho pequeno em um copo transparente e encha o copo com água.

2. Coloque fita adesiva preta na parte de cima de uma lanterna, deixando apenas uma fenda fina visível.

3. Escureça a sala e direcione a lanterna para o copo. Seu arco-íris deve aparecer em algum lugar da sala.

Por que funciona:

A luz branca é composta por muitas cores. Quando um raio de luz passa do ar para a água, ele se curva (refrata). A luz violeta se curva mais do que a luz vermelha, então as cores se separam e se espalham.

Projetor de celular

Depois de rodar seu filme de ficção científica, você pode preparar uma exibição com este projetor. Não tem exatamente qualidade de cinema, mas vai manter entretida uma multidão de Slargles salivantes.

Você vai precisar de:

- caixa de sapatos
- tinta preta
- fita adesiva preta
- lupa
- grampo de papel

1 Pinte sua caixa de sapatos por dentro e por fora com tinta preta. Não esqueça da tampa. Talvez você queira pintar o interior primeiro e deixar secar antes de pintar o exterior. Quando a tinta estiver seca, coloque a lupa em um dos lados mais curtos da caixa de sapatos e trace uma linha ao redor da borda, contornando a forma.

2 Peça a um adulto para usar um estilete e recortar o círculo que você desenhou na caixa. Encaixe a lupa no vão resultante, usando fita adesiva preta para fixá-la e preencher quaisquer espacinhos que sobrarem.

3 Coloque no celular as imagens que você quer projetar e ajuste o brilho da tela para o máximo. A imagem será projetada de cabeça para baixo, então você pode travar a tela do seu celular para que a imagem não vire sozinha. Dobre um pedaço de papel ao redor do celular, então prenda SUAVEMENTE um grampo sobre o papel para criar um suporte para seu celular.

4 Escureça a sala e coloque o projetor em frente a uma parede plana e clara. Experimente mover o celular para a frente e para trás dentro da caixa para focar melhor a imagem. Quando encontrar a distância perfeita, coloque a tampa da caixa para ter uma imagem mais intensa.

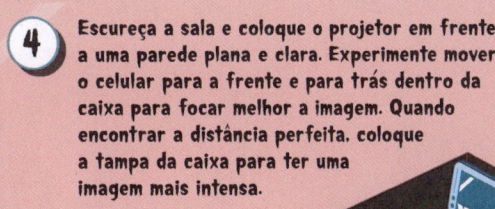

Por que funciona:

A lupa é uma lente convexa, o que significa que é mais larga no meio do que nas bordas. Conforme a luz do celular atinge a lente, ela se curva para dentro. A forma da lente foca a luz em um ponto. A partir do ponto focal, a luz continua em linha reta até atingir uma superfície como a parede. Assim que a luz ultrapassa o ponto focal, a imagem fica cada vez maior (porém mais fraca).

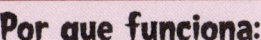

RESPOSTAS

Páginas 2 – 3: Ciência de foguetes
A – 3; B – 6; C – 1; D – 4; E – 5; F – 2.

Páginas 16 – 17: Máquinas simples
A. Polia
B. Roda e eixo
C. Parafuso
D. Plano inclinado
E. Alavanca

Páginas 20 – 21: Céu noturno

Páginas 22 – 23: Problemas planetários

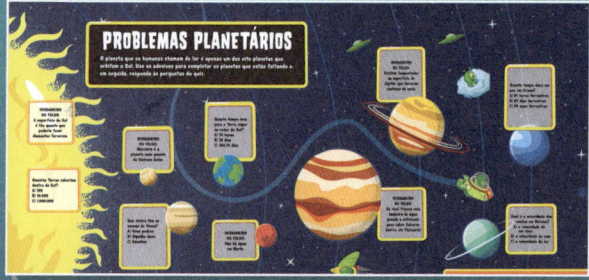

1. Verdadeiro. A superfície do Sol atinge incríveis 5.000°C. Isso não é nada comparado ao seu centro, que alcança inimagináveis 15 milhões de °C.
2. C. Caberiam 1.000.000 de Terras dentro do Sol.
3. Falso. Mesmo estando mais próximo do Sol, Mercúrio tem uma atmosfera muito fina, o que significa que o calor se perde facilmente. Portanto, as temperaturas em Mercúrio oscilam de forma drástica, de 430°C durante o dia a -180°C à noite. Vênus, que possui uma atmosfera espessa que age como uma estufa, tem uma temperatura média de 460°C.
4. A. Ovos podres. As nuvens em Vênus são compostas de ácido sulfúrico, que tem um cheiro distintamente fétido, semelhante a ovos podres.
5. C. 365,25 dias, ou a duração do ano. O quarto adicional de um dia é arredondado para baixo e adicionado como um dia extra a cada quatro anos (que chamamos de ano bissexto).
6. Falso. Há água em Marte, mas ela está toda congelada em camadas espessas sob a superfície.
7. Verdadeiro. Assim como Júpiter, Saturno é um gigante gasoso — um planeta composto por gases em turbilhão, sem superfície sólida. Esses gases são leves o suficiente para flutuar na água. Seria necessária uma banheira muito grande, no entanto, sem mencionar o tamanho do patinho de borracha.
8. Verdadeiro. A maior tempestade, chamada de Grande Mancha Vermelha, está em atividade há 350 anos, o que significa que está em andamento desde antes da invenção dos vasos sanitários.
9. C. 84 anos. Isso significa que se você tivesse oito anos de idade em anos de Urano, teria 672 anos terrestres!
10. B. A velocidade do som. Os cientistas acreditam que os ventos em Netuno são os mais fortes e rápidos no Sistema Solar.

A.

B.

C.

D.

E.

Páginas 26 – 27: Ondas sonoras
A – 6; B – 5; C – 1; D – 4; E – 3; F – 2.

QUEBRA-CABEÇA PLANETÁRIO

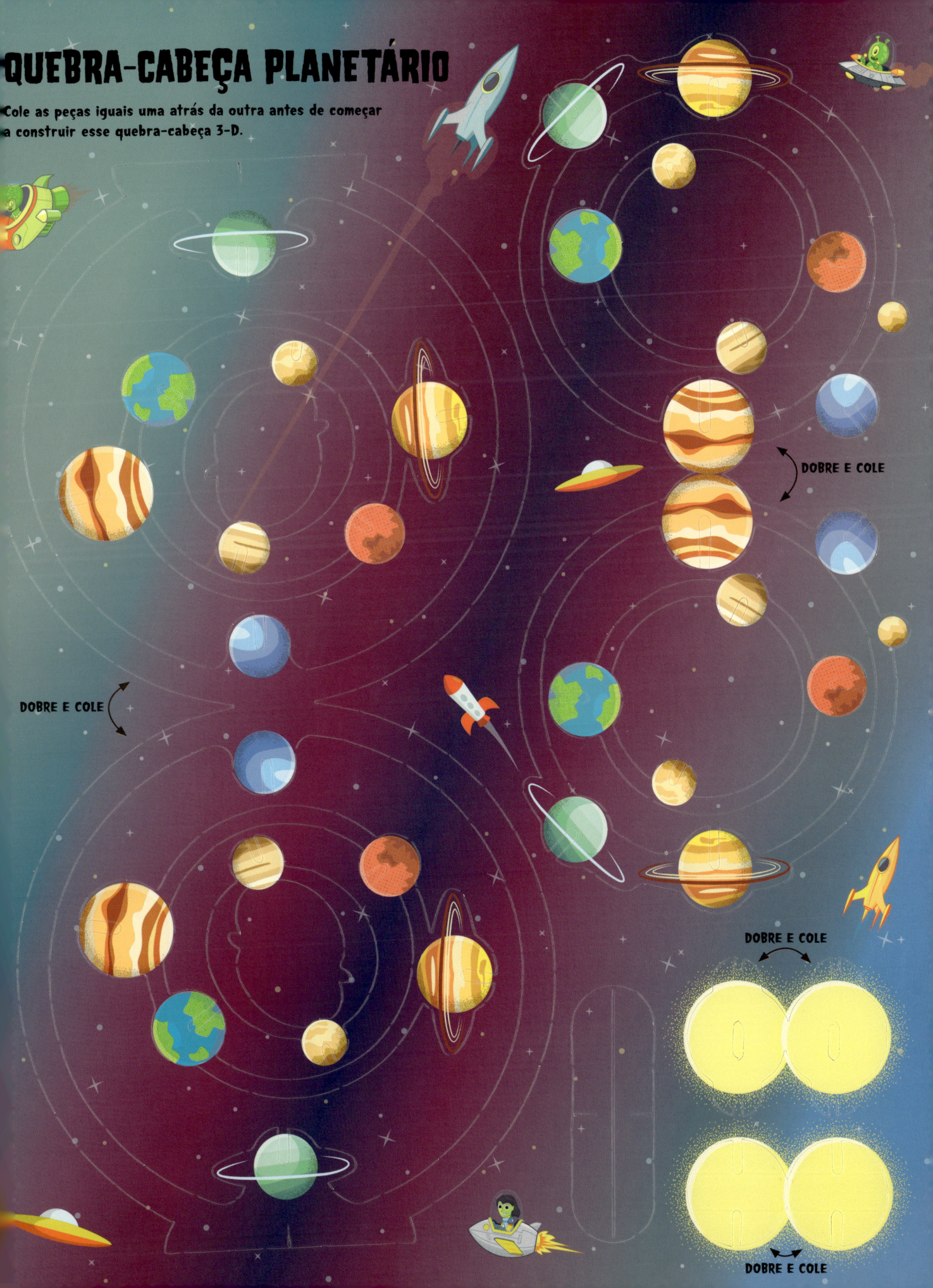

Cole as peças iguais uma atrás da outra antes de começar a construir esse quebra-cabeça 3-D.

DOBRE E COLE

DOBRE E COLE

DOBRE E COLE

DOBRE E COLE

TELESCÓPIO DE CONSTELAÇÃO

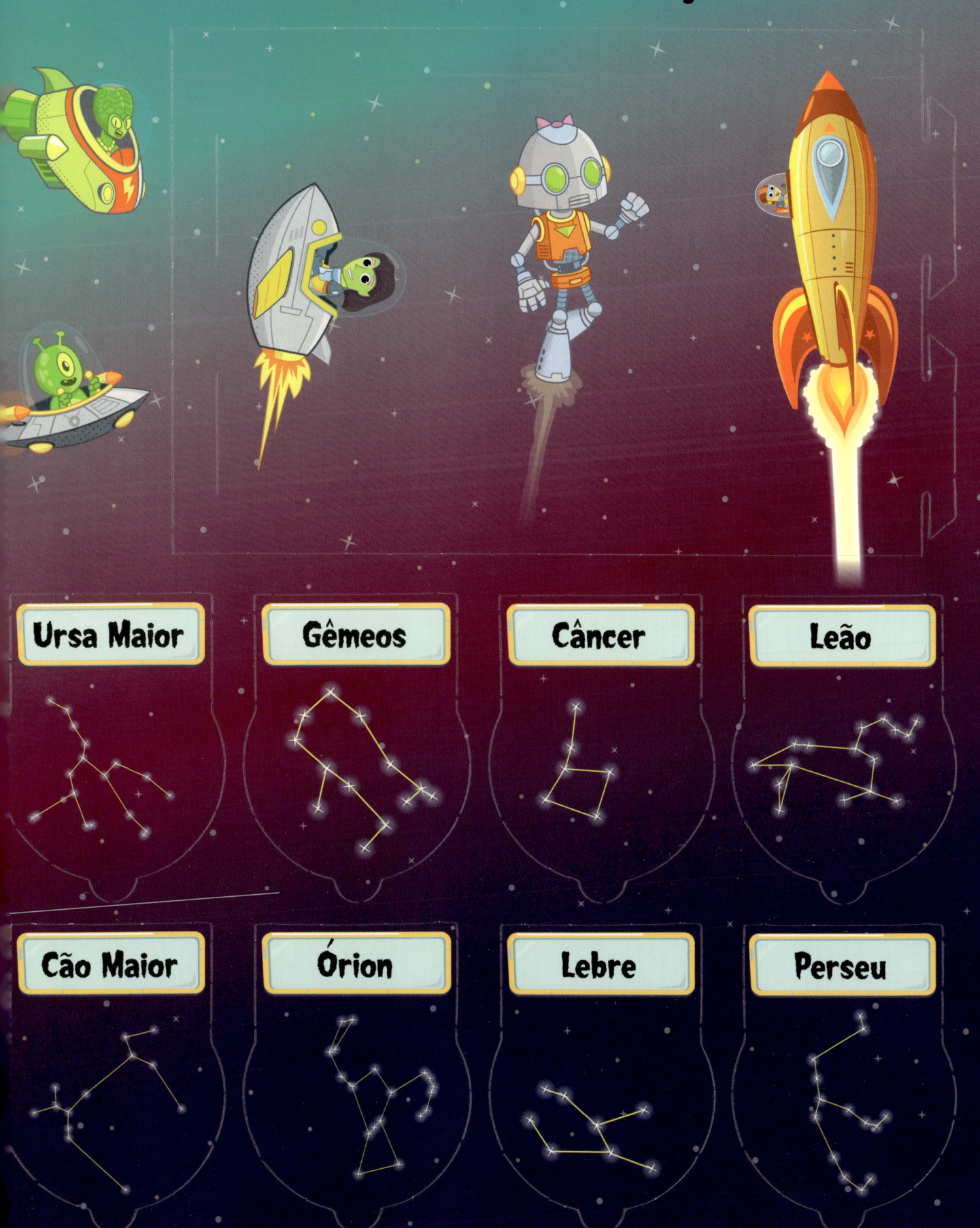

| Ursa Maior | Gêmeos | Câncer | Leão |

| Cão Maior | Órion | Lebre | Perseu |

MOINHO DE VENTO

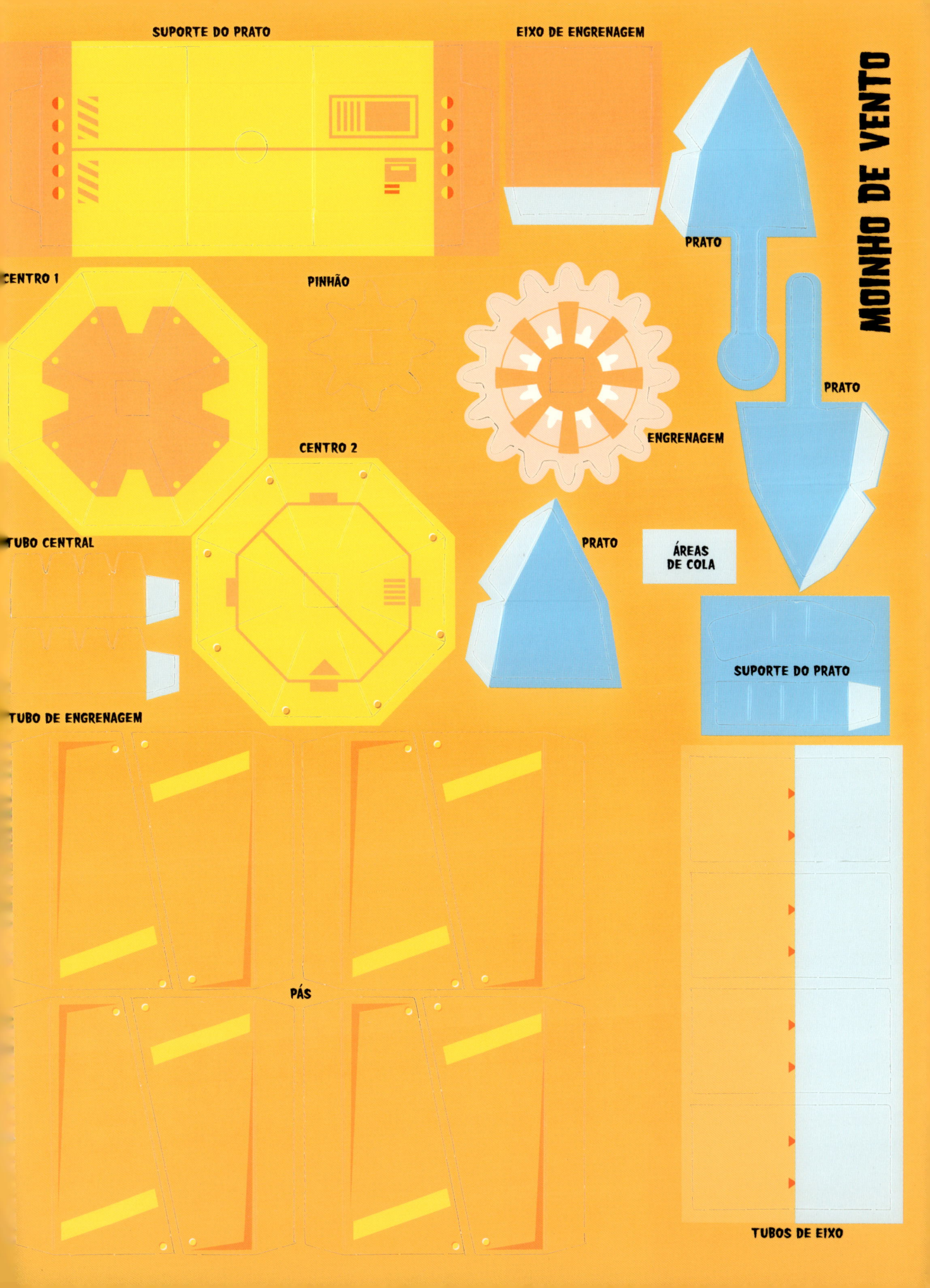

- SUPORTE DO PRATO
- EIXO DE ENGRENAGEM
- CENTRO 1
- PINHÃO
- ENGRENAGEM
- PRATO
- TUBO CENTRAL
- CENTRO 2
- PRATO
- ÁREAS DE COLA
- SUPORTE DO PRATO
- TUBO DE ENGRENAGEM
- PÁS
- TUBOS DE EIXO

MOINHO DE VENTO 2

PRATO

PRATO

ÁREAS DE COLA

PRATO

EIXO DO PINHÃO

BASE

TOPO

CAIXA

CAIXA

GUINDASTE

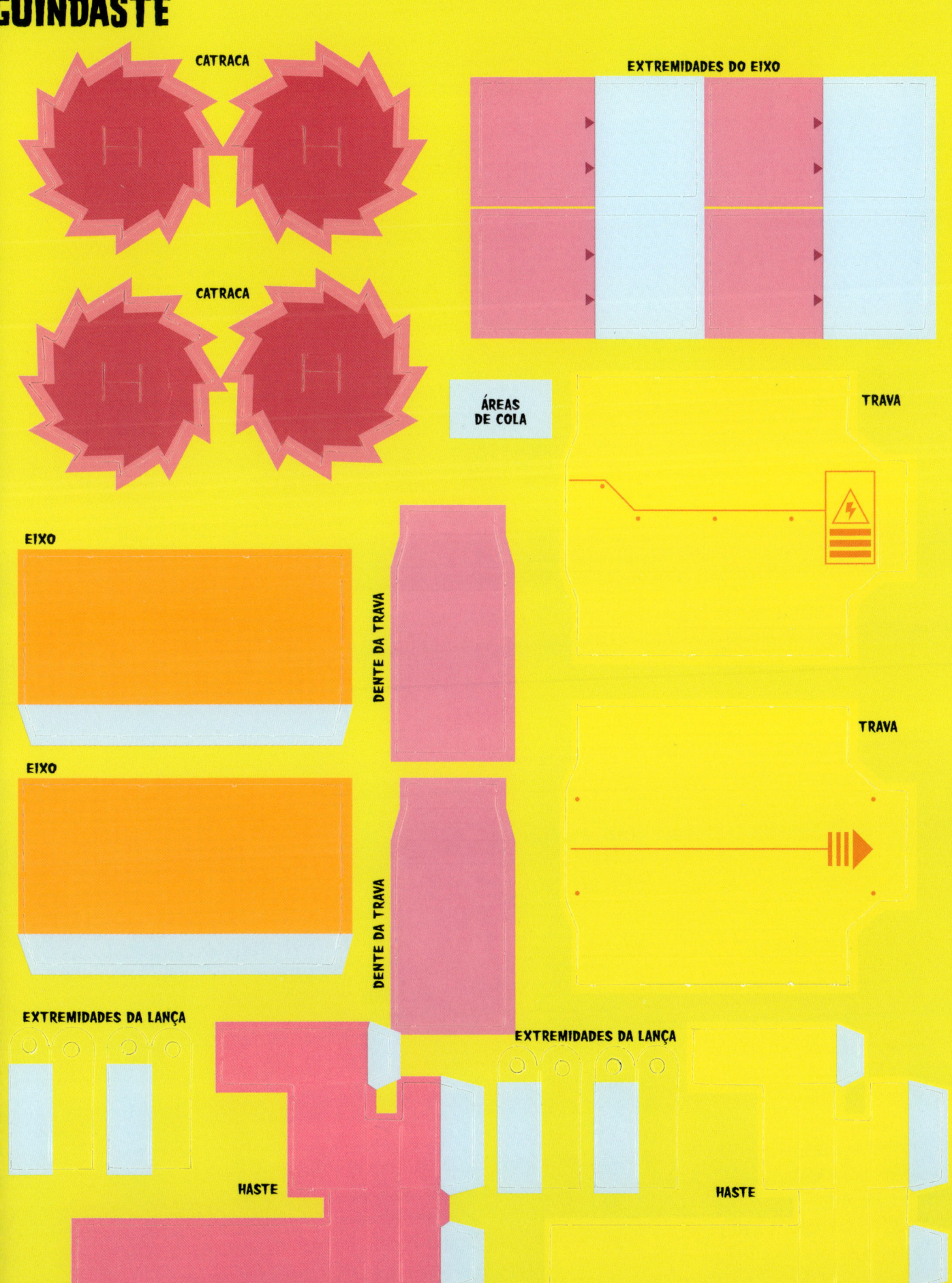

- CATRACA
- CATRACA
- EXTREMIDADES DO EIXO
- ÁREAS DE COLA
- TRAVA
- EIXO
- DENTE DA TRAVA
- EIXO
- DENTE DA TRAVA
- TRAVA
- EXTREMIDADES DA LANÇA
- EXTREMIDADES DA LANÇA
- HASTE
- HASTE

LATERAL DO CORPO

LATERAL DO CORPO

MEIO DA LANÇA

SUPORTES DA LANÇA

ÁREAS DE COLA

EXTREMIDADES DA CAIXA